L'ÉDUCATION D'UN MINISTRE

Le népotisme est de tous les temps. Les titulaires des hauts
emplois administratifs sous le règne de Louis XIV se ratta-
chaient presque tous par des liens de parenté ou d'alliance à
ces dynasties bourgeoises qui occupèrent les secrétariats
d'État, et, pour la plupart, aux trois familles Colbert, Le
Tellier et Phélypeaux. On a dit ici même [1] à quel point fut
comblé Jean-Baptiste Colbert, quémandeur habile et jamais
rassasié. Des quatre secrétariats d'État, l'un appartint, durant
tout le règne, à un Phélypeaux, passant de La Vrillière à
son fils Châteauneuf et de celui-ci à son fils : cette dynastie,
appelée au ministère au début du règne de Louis XIII, y
resta jusqu'à la fin du règne de Louis XVI; deux autres
Phélypeaux, MM. de Pontchartrain, père et fils, se suc-
cédèrent à la Marine de 1690 à 1715, succédant à Seignelay qui avait remplacé son père Colbert. Deux autres
Colbert eurent les Affaires étrangères de 1679 à 1715,
Croissy et son fils Torcy; trois Le Tellier, la Guerre, depuis
l'avènement du Roi jusqu'à la mort de Barbezieux (1701) :
de 1661 à 1715, sur 216 « annuités ministérielles »
(54 ans × 4), les Colbert, les Phélypeaux, et les Le Tellier en
ont eu 184. Si on ajoute aux secrétariats d'État le Contrôle
général, cette charge, sur une période de cinquante-quatre
ans, a eu comme titulaires pendant quarante-quatre ans les

1. E. Lavisse, *Revue de Paris*, 1er septembre 1896, p. 15; 1er janvier 1901,
p. 125.

membres de l'une ou l'autre de ces trois familles : Jean-Baptiste Colbert et son neveu Desmarets ; Le Peletier, proche parent de Le Tellier ; et Louis de Pontchartrain, soit, en tout, 228 annuités contre 42[1] : 94 pour les Colbert, 88 pour les Phélypeaux, et 46 pour les Le Tellier[2].

En survivance, les secrétariats d'État étaient promis à de tout jeunes gens, fils de ministres, qui prenaient leurs fonctions effectives au sortir de leurs études. On vit un enfant nommé secrétaire d'État : Maurepas avait treize ans quand il fut déclaré, lors de la disgrâce de son père, en 1715, titulaire du département de la Guerre ; il le dirigea dès qu'il eut atteint vingt et un ans. Ces désignations ne choquaient personne. Le savoir administratif pouvait être plus rapidement acquis qu'aujourd'hui, et, tout en étant indispensable, il était alors moins appréciable que les qualités naturelles, la vigueur physique, la culture générale, et ce don du commandement qui risque de s'énerver au cours d'une carrière lentement poursuivie.

Les ministres de Louis XIV ne comptaient pas faire de leurs fils des oisifs. Ils demandaient des sinécures pour ceux de leurs enfants qui étaient jugés incapables d'occuper d'autres emplois que des charges de cour ou des abbayes : ils préparaient les autres à les remplacer dignement. Les fils et successeurs présomptifs des ministres furent tous des administrateurs consciencieux et laborieux : avec la faveur, ils trouvaient dans leur héritage les traditions de travail qui ont fait l'honneur de l'administration française durant plusieurs siècles. Ce n'était pas par pure vanité que, dans les lettres de nomination qu'ils recevaient, ils faisaient mentionner leur désir de suivre ces traditions et de marcher sur les traces de leurs aïeux, bons serviteurs de la chose publique.

En fait, les fils des ministres qui, après avoir été choisis pour succéder à leur père, n'en furent pas jugés dignes, ne reçurent pas l'emploi espéré : c'est ce qui arriva aux fils de Hugues

---

1. Les 42 autres années de ministère furent réparties entre Chamillart (18), Lyonne (10), Pomponne (8) et Voysin (6).

2. Il faut ajouter que Le Tellier avait été secrétaire d'État dix-huit ans sous le ministère de Mazarin, il fut chancelier durant dix ans ; Phélypeaux de Pontchartrain fut chancelier aussi pendant quinze ans, et son cousin La Vrillière avait été secrétaire d'État pendant la minorité de Louis XIV.

de Lyonne et à ceux de Seignelay ; Louvois crut devoir sacrifier lui-même son fils aîné Courtenvaux en faveur du cadet, Barbezieux, considéré comme plus capable. Colbert a, plus d'une fois, menacé Seignelay d'un traitement semblable : « Si vous ne vous appliquez pas davantage, lui écrivait-il, vous ne durerez guère ; c'est à vous à y prendre garde. »

Mais avec quel soin ces hommes s'appliquaient à former ceux de leurs enfants dont les qualités leur paraissaient faire présager les talents nécessaires à un ministre ! il y a plaisir à les entendre leur parler, tantôt leur dictant des règles générales de conduite, leur prêchant le devoir, voulant en faire d'honnêtes gens et de bons citoyens, tantôt leur donnant des leçons techniques, leur expliquant les détails des affaires, corrigeant les premiers essais de leur activité, les exerçant sous un contrôle sérieux à faire leur fonction. Les mêmes expressions reviennent sous la plume de tous, révélant la profondeur de leur sentiment du devoir et leur goût pour le « métier », et montrant aussi, sous la sévérité parfois rude des conseils et des observations, une tendresse sérieuse et solide : les instructions de Colbert à Seignelay ne seront jamais assez connues : « Mon fils doit bien penser et faire souvent réflexion sur ce que sa naissance l'aurait fait être si Dieu n'avait pas béni mon travail et si ce travail n'avait été extrême... Il doit bien considérer qu'il sert le plus grand Roi du monde et qu'il est destiné pour le servir dans la charge la plus belle de toutes celles qu'un homme de ma condition puisse avoir... S'il a du mérite et de l'application, il peut avoir le plus bel établissement qu'il puisse désirer ; par conséquent je l'ai mis en état de n'avoir plus rien à souhaiter pendant toute sa vie. »

Il lui écrivait encore : « Il faut absolument que vous avanciez par votre application l'expérience qu'un âge plus avancé vous pourrait donner, n'y ayant que l'application seule qui vous puisse faire profiter de mes instructions et vous rendre capable de faire une charge aussi belle que la mienne, en laquelle vous avez été admis pour faire les fonctions en un âge qui n'a point d'exemple ; vous devez vous rendre digne de mériter par vous-même une grâce que le Roi vous a faite si singulière. » Écrivant à son cousin et confident Colbert de Terron et le remerciant des soins prodigués à Seignelay qui était à Rochefort auprès de lui, Colbert s'écriait : « Pourvu que je puisse parvenir à lui donner du goût et du plaisir pour un aussi beau métier que celui de ma charge ! »

Il avait dirigé suivant les mêmes principes l'éducation de ses frères cadets, et spécialement celle de Colbert de Croissy, qui, comme administrateur, diplomate et ministre, aurait mérité plus de réputation qu'il n'en a. « Je vous avoue, lui écrivait-il [1], que je brûle d'envie de voir notre famille s'élever par les voies d'honneur et de vertu et que tout le monde demeure d'accord que la fortune que nous avons nous est due. » Le 5 avril 1663, en lui demandant des renseignements sur l'Alsace, il ne voulait pas que son frère se contentât d'administrer ou de négocier au jour le jour, au gré de l'inspiration : il jugeait nécessaire qu'à la science apprise il ajoutât la réflexion et l'application : « après avoir lu, il faut penser ».

Devenu ambassadeur, puis secrétaire d'État des Affaires étrangères, Croissy voulut former par les mêmes méthodes son fils et successeur présomptif, Jean-Baptiste Colbert, marquis de Torcy. Une heureuse fortune nous permet de connaître avec des détails assez précis comment fut dirigée l'éducation du futur ministre des Affaires étrangères par son père. Non seulement une fille de Torcy, la marquise d'Ancezune, dans la notice biographique qu'elle lui a consacrée [2], a recueilli des renseignements intéressants sur les années de jeunesse de son père ; mais nous avons conservé, dans les papiers de Torcy, quelques-uns des exercices sortis de sa plume ; nous avons, ce qui est mieux encore, la correspondance que son père et lui échangèrent de 1684 à 1689 lorsque, de dix-huit à vingt-trois ans, il visita les principales cours de l'Europe. Ce sont les lettres de Croissy, que je crois intéressant de publier aujourd'hui [3].

---

1. Le 8 août 1659 (Baschet, *Histoire du dépôt des Archives des Affaires étrangères*, p. 69).

2. Inédite (Bibl. nat., f. fr., ms. 10 668).

3. La plupart sont aujourd'hui à la Bibliothèque de la Chambre des députés, manuscrits nᵒˢ 253 et 255 (que je désignerai pour abréger par « Ch. 253 » et « Ch. 255 » lorsque j'aurai à les citer). Je saisis l'occasion de remercier de leur obligeance M. Eugène Pierre, secrétaire général de la Chambre des députés, et M. Debraye, qui a dressé le catalogue des

Les hommes du xviie siècle aimaient, on le sait, à rattacher leurs actes à des principes. Ils étaient d'autant plus enclins à dogmatiser qu'ils étaient nourris de la lecture des auteurs classiques, des théologiens et des moralistes. Les nombreux livres qui traitaient de l'éducation des princes, notamment ceux qui furent faits pour l'éducation du Grand Dauphin, les mémoires que Louis XIV avait préparés pour son fils, le fameux livre que Duguet composa vers 1700 pour le fils du duc de Savoie, les directions données par Fénelon au duc de Bourgogne, les notes de Saint-Simon sur les qualités nécessaires à un futur souverain, les conseils donnés par Colbert à Seignelay et par Croissy à Torcy ont des origines et une inspiration communes.

Croissy parle à son fils de ses devoirs envers Dieu. Il lui avait inspiré une piété qui n'eut rien d'étroit ni de renfrogné. Il lui avait fait étudier la théologie, considérant cette étude, ainsi que Talleyrand l'exposera plus tard dans un écrit célèbre [1], comme un excellent exercice qui développe des qualités essentielles chez le diplomate, la finesse, l'ordre, la faculté de réfléchir avec méthode et de raisonner logiquement. Torcy en profita : sa fille raconte que « l'Écriture sainte était sa lecture favorite ; il portait toujours sur lui les livres sapientiaux. C'est dans ces sources sacrées, comme il l'a dit bien des fois, qu'il puisait non seulement des leçons de morale, mais encore ses décisions dans les affaires les plus importantes et les plus difficiles ».

Bien servir le Roi était le second devoir des ministres auxquels Louis XIV apparaissait non seulement comme l'incarnation de l'État, mais comme un maître bienfaisant et comme un chef qui forçait l'estime de ses collaborateurs par la puissance et la régularité de son travail, par son expérience des affaires et par la grandeur de ses vues. En ce qui concerne les devoirs propres aux négociateurs, les conseils de Croissy rappellent naturellement ceux que, sous une forme plus didactique, trois écrivains de cette époque ont donnés aux futurs

manuscrits de ladite bibliothèque ; et d'exprimer mon amicale reconnaissance à mes collègues MM. Tausserat-Radel et A. Rigault pour les recherches qu'ils ont faites à mon intention dans les Archives des Affaires étrangères.

1. Éloge du comte Reinhard.

diplomates : un anonyme, qui est peut-être Antoine de Courtin, dans un mémoire intitulé *l'Idée du parfait ambassadeur*[1]; François de Callières dans son livre *de l'Art de négocier*, et Antoine Pecquet dans l'ouvrage qu'il a publié longtemps après sous le même titre. Tous trois ont été diplomates; Courtin[2] a rempli des missions dans les pays scandinaves avant de se consacrer aux lettres; Callières, membre de l'Académie française et l'un des négociateurs de Ryswick, fut l'un des plus actifs collaborateurs de Croissy et de Torcy, et celui-ci, pendant tout son ministère, eut parmi ses employés Pecquet, entré en 1696 dans les bureaux des Affaires étrangères et nommé premier commis en 1713[3]. Bien que les traités de Callières et de Pecquet aient été publiés seulement l'un en 1717, l'autre en 1738, tous deux ont recueilli la tradition de Croissy et de Torcy, exprimant les mêmes idées et employant souvent les mêmes expressions.

Ils avaient les uns et les autres une haute idée de la dignité des fonctions diplomatiques et des qualités morales et intellectuelles qu'ils jugeaient nécessaires aux négociateurs. « Il faut, dit Callières, qu'un négociateur soit comme le Protée de la fable, qu'il soit gai et agréable avec les jeunes princes qui aiment la joie et les plaisirs,... qu'il soit sérieux avec ceux qui le sont... » Il doit adresser aux princes étrangers des louanges, mais sous une forme délicate. Il doit éviter de les froisser par l'étalage intempestif de la puissance du Roi, dont il ne doit « représenter la puissance que comme un moyen de maintenir ou d'aug-

1. Dédié à M. de Pomponne, et composé en 1697, ce manuscrit est conservé aux archives des Affaires étrangères (correspondance politique, Angleterre, vol. 202. fol. 146-181).

2. Qu'il ne faut pas confondre avec son homonyme Honoré Courtin, l'un des plénipotentiaires d'Aix-la-Chapelle, qui fut chargé aussi de missions dans le Nord.

3. Les dictionnaires biographiques ne donnent pas de notice sur Pecquet, non plus que sur beaucoup de diplomates qui jouèrent un rôle considérable à cette époque; ces ouvrages n'ont jamais indiqué le rôle important des premiers commis dans la direction du département. Né à Senlis le 24 janvier 1668 (de Michel, marchand, puis employé dans les fortifications du Roi), Antoine Pecquet mourut le 25 septembre 1728, ayant pris sa retraite en 1726; secrétaire du Conseil des Affaires étrangères en 1715, il avait maintenu alors les traditions diplomatiques du grand règne. Il avait été anobli en 1715 et avait reçu en 1717 le titre de secrétaire du Roi. Il laissa un fils qui lui succéda et une fille mariée à M. Nollin de la Tournelle, « secrétaire à la conduite des Ambassadeurs ».

menter la leur au lieu de s'en servir à les abaisser et à exciter
leur ressentiment et leur jalousie... Un négociateur doit
toujours faire des relations avantageuses des affaires de son
maître, mais avec discrétion ». Il doit maintenir tous les droits
de son emploi, mais éviter de soulever des difficultés, avoir un
abord facile et un air ouvert, être personnellement simple et
modeste, tout en tenant l'état convenable à la dignité de sa
fonction, avec éclat s'il y a lieu, car rien ne ravale plus un
ministre que l'avarice.

Sur ce dernier point, Croissy prêchait aussi d'exemple
à son fils, n'ayant jamais épargné les dépenses utiles, et
madame de Croissy[1] ne paraît pas avoir mérité les reproches
d'avarice qui lui ont été parfois adressés : « Elle avait toujours suivi partout M. de Croissy, écrit madame d'Ancezune,
et partout on a rendu témoignage de l'utilité dont elle avait
été à son mari pour le talent qu'elle avait plus que personne de
tenir une maison avec dignité et avec agrément. »

Pecquet insiste, plus encore que Callières, sur la nécessité
d'un train de maison digne de l'emploi d'un ministre public.
« Tout homme occupé d'un désir excessif de fortune doit
renoncer à l'emploi de négociateur... Tout ministre qui se
renfermera dans un intérieur serré tirera peu d'utilité de son
séjour et ne remplira pas l'essentiel de son devoir qui est de
donner à son maître un tableau juste du pays où il a résidé... »
On croirait, à l'entendre, lire quelque page du rapport que
M. Paul Deschanel a fait, il y a deux ans, sur le budget de
notre ministère des Affaires étrangères.

Croissy, Callières, Pecquet, sont d'accord avec Colbert
pour recommander une méthode de travail qui a été longtemps en honneur au ministère des Affaires étrangères[2] :
« Jamais on n'oublie ce qu'on a médité profondément », dit
Pecquet, comme Colbert, qui prescrivait à son fils « cinq à
six heures de cabinet ». Mais pour réfléchir profondément, il
faut avoir précisé par l'écriture ce qu'on veut apprendre et

---

1. Françoise Béraud (1642-1719), fille de Joachim Béraud, qui s'était
enrichi dans les affaires de change avant de devenir « grand audiencier » à
la Chancellerie.

2. Voir : E. Lavisse, *Comment travaillait Colbert* (*Revue de Paris*, 1ᵉʳ septembre 1896).

examiner, puis, par l'écriture encore, s'assurer que la méditation a abouti à des idées nettes.

Peu nombreux, ne vivant que pour leur métier, passant toutes leurs journées dans les bureaux, fuyant les réunions mondaines que des règlements en vigueur jusqu'à une époque récente[1] leur défendaient de fréquenter, les commis des Affaires étrangères étaient passés maîtres dans la composition de mémoires exposant les précédents d'une question et les motifs de prendre une décision dans un sens ou dans l'autre : si au courant qu'ils fussent d'une affaire, ministres et diplomates forçaient leur esprit à examiner ainsi le pour et le contre. Les diplomates en mission recevaient des instructions détaillées, leur indiquant la situation du pays où ils allaient, rattachant la ligne de conduite qui devait y être suivie aux principes généraux de notre politique. Soit au cours de leurs missions, soit au retour, ils devaient faire une relation plus générale que les dépêches envoyées au jour le jour, décrire la cour où ils avaient vécu, faire le portrait des personnages avec lesquels ils avaient été en relations, définir la politique et les forces du gouvernement, et exposer avec méthode quelles avaient été leurs propres vues, leurs moyens d'action et, autant que possible, les résultats obtenus. Quelques-uns tenaient un journal, ou, tout au moins, écrivaient immédiatement le compte rendu des conversations importantes. Enfin, rien n'était négligé, au département ni dans les ambassades, des mesures d'ordre[2] qui pouvaient faciliter le travail et la réflexion.

Croissy mit de très bonne heure son fils à la lecture des « instructions » et des dépêches, pour qu'il connût le détail des affaires, dégageât les lignes directrices de la politique française, sût les précédents et formât son style par l'étude des bons modèles. On les lui faisait copier et résumer : méthode de travail qui s'est conservée longtemps et qui était d'autant plus profitable que Croissy passait pour savoir dresser des instructions mieux que tout autre. Parmi les papiers de Torcy, on trouve ces résumés et aussi des descriptions de certaines cours étrangères : Torcy s'exerça à faire des galeries

1. Ils furent renouvelés en 1825 encore par le baron de Damas.

2. Règles de classement et d'enregistrement, tables méthodiques des volumes de correspondances, etc.

de portraits dont il empruntait les traits aux dépêches de nos envoyés.

On verra tout ce que Torcy dut apprendre, au cours de ses voyages en Portugal, en Espagne, en Danemark, en Allemagne, et les conseils qu'il reçut de son père pour la rédaction de ces relations qui témoignent de son esprit d'observation en même temps que de son ardeur au travail. On verra aussi comment Croissy le détournait des expressions louangeuses, de même que, dans son livre, Pecquet recommandait au diplomate « de ne pas flatter son maître par le choix des choses qu'il mande : son objet n'est pas de le tromper, mais de l'éclairer ».

Dans l'énumération des connaissances que doit acquérir le diplomate, avec l'étude du droit, alors fort compliqué, Callières insiste sur l'utilité des langues étrangères, allemande, italienne, espagnole, que Croissy avait fait apprendre à son fils. En outre, Torcy, qui avait une mémoire admirable, développée par l'exercice et servie par les dons d'ordre et de classement qui caractérisaient son esprit, s'était intéressé particulièrement à la lecture des livres d'histoire.

Croissy jugea utile de compléter l'éducation de son fils en lui faisant voir les cours étrangères. Sous le règne précédent, l'usage de mettre des jeunes gens à la suite des ambassades avait formé de très bons diplomates. Sans doute il n'y avait pas que des gens sérieux dans la jeunesse qui était venue au congrès de Münster en même temps que madame de Longueville. Mais parmi les collaborateurs bénévoles de d'Avaux, qui l'avaient suivi en Danemark, en Pologne, en Allemagne, plusieurs étaient devenus des diplomates éminents :

Il serait à souhaiter, écrit Callières, qu'un homme qui veut être employé dans les négociations eût voyagé dans les principales cours de l'Europe, mais qu'il n'eût pas voyagé comme font nos jeunes gens qui, au sortir de l'Académie ou du Collège, vont à Rome pour y voir les beaux palais, les jardins et les restes de quelques bâtiments anciens, et à Venise pour y voir les opéras et les courtisanes; il faudrait qu'ils voyageassent dans un âge un peu plus avancé et plus capable de réflexion pour apprendre la forme du gouvernement de chaque pays, pour y connaître particulièrement le Prince et ses ministres et cela dans le dessein d'y retourner un jour avec caractère[1] : ce qui les obligerait à remarquer ce qui s'y passe avec plus d'attention, et lorsqu'ils n'auraient pas voyagé de leur chef, il serait bon qu'ils accompagnassent les ambassadeurs ou les envoyés du Roi...

Né le 14 septembre 1665, Torcy recevait une première mission dès le mois de janvier 1684, ayant à peine plus de dix-huit ans. Jusqu'en 1689, les ordres de son père le menèrent, en Portugal, en Espagne, en Danemark, en Norvège, en Suède, en Allemagne, en Italie, en Angleterre; il vit les souverains et les hommes d'État, et il assista à un conclave[2].

Les relations que Torcy fit de ses voyages ne manquent pas d'intérêt; mais ce n'était pas pour avoir ces renseignements que son père le faisait voyager : n'eût-il considéré ses relations que comme des exercices et même comme des devoirs d'écolier, il les lui aurait demandées. Il voulait qu'il apprît lui-même sur place les choses qu'un maître ne lui aurait pas aussi bien enseignées. Tout en poursuivant ses études, le jeune homme s'exerçait à développer et à montrer les qualités que la science ne donne pas sans la pratique. Ce sont celles que les examens et les concours ne prouvent pas, comme on dit maintenant : ce qui signifie, non pas qu'elles soient réservées aux gens incapables de passer un examen, mais que la science est insuffisante à faire un diplomate, tout en étant nécessaire même à ceux que la nature a le mieux doués. Callières a consacré aux bévues des diplomates improvisés et ignorants quelques pages qui seront toujours d'actualité.

Croissy avait confié son fils à deux hommes qu'il paraît avoir estimés fort, MM. Dupré et Guillard. Guillard a marqué comme pamphlétaire : quelques curieux connaissent les railleries véhémentes qu'il a faites de l'orgueil des maisons ducales, trop oublieuses de la modestie de leurs origines.

---

1. « Avec caractère », c'est-à-dire avec un titre spécial.

2. Les contemporains ont loué cette méthode d'éducation. « Il paraissait d'une bonne politique à M. de Croissy de procurer ainsi à son fils les occasions de voir toutes les cours de l'Europe, dans le dessein où il était de le former dans les négociations pour le rendre capable de faire sa charge de secrétaire d'État des étrangers, de laquelle il prétendait bien obtenir la succession en sa faveur » (*Mémoires du marquis de Sourches*, mai 1685, t. I, p. 215).

Quant à Dupré, ce fut un diplomate de second ordre, mais qui a fait une carrière honorable et qui, au témoignage de Gourville[1], « avait de l'esprit »[2].

Torcy fut, tout d'abord, chargé par le Roi d'aller porter au roi Pierre de Portugal, des compliments de condoléance sur la mort de son frère Alphonse, qu'avait suivie de près la mort de la reine sa femme. On devrait dire de leur femme! Marié depuis quinze mois (27 juin 1666) à mademoiselle de Nemours, Alphonse VI, sombre et bizarre personnage, fut détrôné par sa femme et son frère, en novembre 1667; la Reine poursuivit l'annulation de son mariage et l'obtint au mois de mars 1668; quelques jours après, elle épousait son beau-frère, régent du royaume, tout en gardant le titre de reine. Alphonse, considéré comme fou, était, un demi-dément assez dangereux; il fut gardé en captivité et mourut le 12 septembre. La Reine le suivit le 27 décembre, à peine âgée de trente-sept ans. La question du mariage de l'infante Isabelle, héritière de la couronne, et qui avait quatorze ans, était depuis longtemps l'objet de nombreuses intrigues, aussi bien que le second mariage du roi Pierre. Sans poursuivre l'idée, qu'on chercha à lui donner, de prétendre lui-même à la main de l'infante, Louis XIV eût voulu l'obtenir pour un prince français, en même temps qu'il cherchait à tourner l'esprit du Roi vers des Françaises[3]. Mais la princesse mourut en 1690, sans avoir été mariée, et c'est une princesse de Neubourg que le roi épousa en 1687.

Torcy, qui arriva à Lisbonne le 16 mars 1684, y trouva un précieux guide dans le ministre de France, le marquis de Saint-Romain, l'un des meilleurs diplomates du siècle et qui connaissait à fond les affaires du Portugal comme celles d'Allemagne et du Nord. Saint-Romain écrivait au sujet de Torcy : « Sa

1. *Mémoires*, publiés par M. Lecestre, t. II, p. 234 et 244.

2. Étienne Jachiet du Pré, secrétaire du marquis de Villars à Madrid en 1669; chargé d'affaires à Madrid en 1669 et 1671, ministre à Florence en 1686, à Parme en 1687, à Modène en 1688, à Gênes en 1689, mort à Paris en septembre 1690. (*Recueil des Instructions... en Espagne*, par Morel-Fatio; *en Savoie et à Mantoue* par le comte Horric de Beaucaire). C'est pour moi un agréable devoir de témoigner ma gratitude à mon confrère M. Ed. Rott pour les renseignements qu'il m'a donnés sur Du Pré.

3. L. Farges, *l'Infante Isabelle et ses dix-sept prétendants* (*Revue d'histoire diplomatique*, 1907).

personne, son discours et toutes ses manières ont plu au Roi, à l'Infante et à toute la cour, et tous sont surpris aussi bien que moi, de voir, à son âge tant de discrétion, de sagesse et d'esprit qu'il en parait à tout ce qu'il fait et dit[1]... Il se porte toujours fort bien, et ne peut pas mieux employer son temps qu'il fait; j'admire tous les jours sa discrétion et sa sage conduite à l'âge où il est. Il est, je vous assure, capable de gouverner les gouverneurs mêmes, et on ne peut pas être né plus heureusement ni avec de meilleures inclinations qu'il l'est[2]. » Torcy travailla beaucoup à Lisbonne: il recueillit d'abondants renseignements et rédigea de copieux mémoires sur la situation du pays[3]. Le Roi se montra fort satisfait de ses rapports.

C'est à cette époque que Croissy écrivit le plus souvent et le plus longuement à son fils : il est naturel que les conseils lui aient paru surtout utiles au cours d'une première mission. Il faut noter, en passant, qu'il semble lui avoir permis de donner à la simple curiosité plus de temps que Colbert n'en avait voulu laisser à Seignelay : il lui recommande de voir tout ce qui peut intéresser « un homme d'esprit ». Colbert, lui, croyait assez faire en autorisant son fils à passer « deux jours à Gènes, deux à Florence, deux ou trois à Venise, trois ou quatre à Naples », et espérait que, dans ce court espace de temps, Seignelay pourrait, sans négliger d'étudier la situation politique « apprendre l'architecture et prendre le goût de la sculpture et peinture »... A son avis, comme il l'avait dit à son frère en 1659, « il est toujours bon de voir les villes, mais il faut le faire avec diligence et que le voyage n'emporte pas trop de votre temps parce que vous avez assurément assez la matière de le bien employer ».

Ayant quitté Lisbonne à la fin de novembre 1684, Torcy, passa à Madrid, où il resta trois mois. Il fut reçu de la manière la plus aimable par la Reine, cette infortunée nièce de Louis XIV qui devait mourir si misérablement. Il fit, dans

1. Archives des Affaires étrangères, correspondance politique, Portugal, vol. XXI, fol. 215 (28 mars).

2. *Ibid.*, fol. 353 et t. XXII, fol. 15.

3. Ch. 255; Arch. nat., K.K. 594, p. 887; Arch. des Aff. étr., correspondance de Portugal, t. XXII.

une lettre à sa mère, le récit de l'audience que lui accorda
cette princesse. A son père, il adressa une relation de la cour
d'Espagne[1]. Le 25 mars 1685, il était de retour à Versailles.

Quelques jours après, il était désigné pour une nouvelle
mission. Il devait porter des condoléances au roi de Danemark, Christian V, à l'occasion de la mort de sa mère, veuve
du roi Frédéric III. Dès le 10 avril, Croissy avait annoncé
ce projet au ministre de Danemark, M. de Meyercrone[2]. Il y
eut cependant quelques difficultés de cérémonial, qui furent
arrangées, non sans peine[3].

Muni de ses instructions, Torcy quitta Paris le 14 mai. Il
vit à La Haye un excellent diplomate, d'Avaux, qui ne manqua
pas de faire la cour à son ministre en lui rendant bon compte
de la conduite du voyageur. A Zell, Torcy fut reçu avec des
honneurs particuliers par le duc, par sa femme, la célèbre
Éléonore d'Olbreuse, et par la princesse. appelée à une destinée si tragique. « La cour de Zell était toute française[4]. »
A Hambourg. il causa longuement avec notre ministre Bidal,
qui avait une connaissance approfondie des affaires du Nord.
Des questions protocolaires firent adopter un expédient, qui
tourna au profit de l'instruction du jeune envoyé : au lieu de le
recevoir à Copenhague, Christian V lui accorda audience au
cours d'un voyage qu'il faisait alors en Norvège. pensant que
les honneurs qui seraient rendus à cette occasion au représentant français ne feraient pas précédent. « M. de Croissy, écrivait le ministre de Danemark, ne serait pas fâché que son
fils fît le voyage de Norvège et eût ainsi le moyen de voir ce
royaume. » La réception eut lieu à Larvik le 26 juillet :
Torcy fut le premier diplomate français qui ait été accrédité
en Norvège[5]. Il put faire entrer d'intéressants détails sur ce

1. Ch. 255; Aff. étr., corr. d'Espagne, vol. LXIX.

2. Ministre de Danemark à Paris en 1671-1675, en 1679, et de 1681 à 1706,
mort en 1707. H. Rigault fit de lui un beau portrait qui a été gravé.

3. Correspondance de Meyercrone avec la cour de Danemark. Archives
royales d'État, à Copenhague, dont j'ai obtenu communication grâce à
l'aimable intervention de mon collègue M. Jean Fabre.

4. Voir : *Une mésalliance dans la maison de Brunswick*, par le comte
Horric de Beaucaire (1885).

5. Pour rappeler ce souvenir, un buste de Torcy a été placé en 1908 à
l'entrée de l'hôtel de la Légation de France à Christiania. Torcy avait été

pays[1] dans l'importante relation qu'il rédigea sur la situation du Danemark.

Il se rendit ensuite à Stockholm, à Copenhague, puis à Berlin où il fut reçu par le grand Électeur, enfin à Ratisbonne où un diplomate éminent, Verjus, comte de Crécy, membre de l'Académie française, représentait la France auprès de la diète de l'Empire. Dans les leçons d'un homme qui connaissait l'Allemagne mieux qu'aucun autre, Torcy put acquérir cette science des affaires de l'Empire qui était considérée comme la plus difficile à posséder en raison du nombre et de la variété des questions de droit, d'histoire, de généalogie et de géographie qui la compliquaient. L'avenir devait montrer qu'il avait profité des leçons de Crécy comme de celles de ses autres maîtres. Tout n'est pas flatteries dans cette lettre que, le 17 décembre 1685, M. Dupré adressait à Croissy[2] :

J'ai quelquefois dit à monsieur votre fils que la considération que le Roi avait pour vos services ne suffisait pas pour son élévation et qu'il avait besoin d'un vrai mérite pour parvenir à ce que vous pouviez le plus souhaiter. Je trouve qu'il se l'est si bien mis en tête qu'il a profité considérablement depuis six mois, et qu'en quinze jours monsieur le comte de Crécy l'a si bien instruit des mystères de la Diète qu'il pourra fort bien servir ici Sa Majesté en l'absence de monsieur de Crécy en cas qu'il obtint la permission de faire un voyage en France. Nous sommes logés chez lui avec toute la commodité et la bonne chère possibles; mais s'il part il nous prêtera une partie de sa maison, des meubles et un attelage que nous lui rendrons en bon état à son retour. Si on n'accorde pas le congé à monsieur de Crécy et qu'il se présente quelqu'autre emploi que vous jugiez propre pour monsieur votre fils, j'ose vous assurer qu'on le peut confier et que vous trouverez en lui peut-être du zèle et de la capacité au delà de ce que vous vous imaginez.

Il ne fut pas donné suite à ce projet, Crécy ayant renoncé à prendre son congé pendant dix-huit mois encore.

conduit à l'audience du roi par le comte de Wedel, aïeul du ministre actuel de Norvège à Paris.

1. Il rapporte un très curieux dessin représentant une vue de Christiania en 1685, le plus ancien document de ce genre qui soit parvenu aux historiens de la capitale norvégienne (reproduit dans le livre de M. A. Collett, *Gamle Christiania billeder*, 1909, p. 24).

2. Affaires étrangères, correspondance d'Allemagne, vol. 312, p. 169.

Torcy passa deux mois à Vienne et revint en France par Munich, où il séjourna dix jours. A peine rentré à Versailles, il partit pour l'Italie, puis pour l'Angleterre : il reçut les conseils du cardinal d'Estrées à Rome, ceux de Barrillon à Londres. De chacune des cours qu'il visita, il fit une relation pleine de détails précis. Louis XIV, qui demandait souvent de ses nouvelles à M. de Croissy, apprécia les premiers essais de celui qu'il considérait comme son futur ministre des Affaires étrangères et dont les progrès l'intéressaient. A plusieurs reprises, il lui fit adresser des lettres signées de sa main pour lui dire sa satisfaction et lui recommander « de redoubler de soins pour prendre de pareils éclaircissements et se rendre d'autant plus tôt capable d'exécuter ses ordres [1] ».

De retour de ces voyages, Torcy passa deux ans dans les bureaux de son père, continuant ses études et s'exerçant à rédiger des dépêches et des instructions.

Il fut envoyé en 1689 en Italie, pour assister au Conclave qui aboutit à l'élection du cardinal Ottoboni, Alexandre VIII. Les lettres dans lesquelles il rendait compte de sa mission attirèrent l'attention particulière de Louis XIV, qui lui accorda à son retour la survivance de la charge de secrétaire d'État, que, sept ans plus tard, succédant à son père, Torcy devait exercer en titre et garder jusqu'à la mort du Roi. Un recueil de portraits presque tous satiriques, qui fut composé peu de temps après qu'il eut été appelé au ministère, ne donnait qu'à lui des éloges sans réserve. « Moins âgé que sage, laissant une bonne idée à tous ceux qui l'approchent. Digne de devenir quelque jour un grand ministre s'il sait cultiver sa belle éducation par l'expérience [2]. »

A cette « belle éducation » qui complétait et développait des qualités natives, la France et Louis XIV durent un de leurs meilleurs serviteurs.

LOUIS DELAVAUD

1. Archives des Affaires étrangères, correspondance de Danemark, vol. 80, fol. 134.

2. *Nouveaux portraits...*, chez Paul Pinceau, à Villefranche (?), 1706 (recueil composé plusieurs années avant sa publication).

CONSEILS

A UN FUTUR MINISTRE

I

A Versailles, le 4 février 1684[1].

Mon fils, commençant d'entrer dans les emplois par l'honneur que le Roi lui fait de l'envoyer en Portugal, doit, sur toutes choses, tâcher de s'acquérir la réputation d'un parfait honnête homme et de l'être en effet.

Qu'il sache qu'elle doit être présentement établie sur les sentiments de bon chrétien qui comprennent toutes les règles d'une morale accomplie, n'étant pas possible de bien aimer Dieu et d'avoir pour son prochain toute la charité qu'il nous commande, sans être un très honnête homme.

Après ce premier devoir, celui qui lui doit être le plus à cœur, c'est de mériter l'estime du Roi. Ceux qui embrassent la profession des armes exposent pour ce sujet leur vie dans toutes les occasions qui s'en présentent, et quoiqu'on soit destiné à des emplois plus doux, on doit envisager la mort même avec fermeté, quand il est question de soutenir la gloire du maître. Il faut néanmoins conduire ce zèle avec prudence et prendre bien garde qu'en se laissant emporter au juste désir

---

1. Les dates sont mises par Croissy après sa signature ; il signait Colbert de Croissy.

qu'on a de se distinguer et d'acquérir de la réputation, on ne la perde par une conduite peu mesurée et qu'on n'encoure même le blâme d'étourderie ; ainsi l'on peut dire que les seuls moyens qu'aient les négociateurs pour mériter les grâces du Roi, c'est de bien parler et de bien écrire.

Le premier consiste à expliquer bien nettement et en termes convenables à la dignité du maître les ordres qu'on reçoit, tâcher d'y mêler toutes les expressions les plus honnêtes et les plus capables de plaire à ceux qui l'écouteront, prendre garde que tout ce qu'il dit de S. M. serve à augmenter l'admiration qu'on a pour ses qualités et vertus si héroïques, que, néanmoins, à l'égard de ceux à qui la puissance de S. M. est trop redoutable et qui en ont une juste jalousie, il fasse valoir sa modération, la préférence qu'elle donne au bien général de la chrétienté sur les propres intérêts de sa couronne, toutes les facilités qu'elle apporte à l'affermissement de la paix dans le temps qu'elle est le plus en état de profiter des sujets que la maison d'Autriche lui a donnés et lui donne encore de faire sur elle de grandes conquêtes, le désir qu'elle a de procurer pour toujours le repos de toute l'Europe, la fidélité qu'elle garde à ses alliés dans tous les traités qu'elle fait avec eux [1], la vigueur et la fermeté avec lesquelles elle a fait rendre aux Suédois [2] tout ce qu'ils avaient perdu par leur mauvaise conduite dans la dernière guerre ; faire remarquer que le roi de Suède n'a pas plutôt suivi les mauvais conseils que quelques-uns des ministres lui ont donnés, de faire des ligues contre la France, qu'il a témoigné son repentir, mais trop tard pour lui, que ses voi-

1. « Les preuves éclatantes qu'Elle a données de sa fermeté et fidélité pour ses alliés, même la préférence que trouvent leurs intérêts auprès d'Elle sur les siens propres, a (*sic*) fait avouer à toute l'Europe qu'il n'y a pas d'alliance plus sûre et plus avantageuse que celle de S. M. » (Instructions au marquis d'Oppède, ambassadeur en Portugal, 1681). C'est le thème habituel des instructions données aux ministres du Roi à Lisbonne.

2. La guerre avait été désastreuse pour la Suède de 1674 à 1678 ; Louis XIV la sauva des conséquences de ses défaites, lui fit rendre presque tout ce qu'elle avait perdu et payer pour cela plusieurs centaines de milliers d'écus, mais en traitant pour elle presque sans sa participation (1679). La Suède, froissée, mécontente aussi de l'annexion du duché de Deux-Ponts (1679) conclut avec les Pays-Bas l'association (septembre 1681) à laquelle adhérèrent, l'année suivante, l'Empereur et l'Espagne. Louis XIV s'allia alors au Brandebourg, au Danemark et à plusieurs princes allemands ennemis de la Suède.

sins ont profité de cette faute et qu'elle a attiré dans l'alliance de S. M. des princes beaucoup plus puissants ensemble que ne peut être la couronne de Suède.

Ces réflexions peuvent être même très utiles en Portugal où l'on n'est que trop persuadé que, quelque conduite que tienne cette couronne, le Roi n'en abandonnera jamais les intérêts, tant ils sont inséparablement attachés à ceux de la France, quoique, au fond, elle pourrait aussi trouver ses avantages avec l'Espagne au préjudice du Portugal.

On peut aussi faire entendre à ceux qui se confient trop au bruit qui s'est répandu dans le monde que le Roi ne veut plus de guerre, que véritablement S. M. mettrait à présent sa principale gloire à fermer, pour ainsi dire, le temple de Janus et faire goûter à toute la chrétienté les doux fruits d'une longue paix, mais que ce désir ne la rendra pas moins prompte qu'elle l'a été dans les premières années de son règne à se rendre à la tête de ses armées et les animer par sa présence à faire de nouvelles conquêtes, lorsque ses ennemis voudront encore éprouver sa valeur; qu'elle en a même encore plus de moyens que dans la dernière guerre, ses frontières étant considérablement augmentées et la France fermée de tous côtés par des places admirablement fortifiées et presque imprenables, les armées de S. M., très nombreuses et parfaitement bien disciplinées, les commandants et officiers expérimentés et aguerris et S. M. entretenant dans les principales places fortes plus de 10 000 gentilshommes, depuis l'âge de quinzé jusqu'à vingt ans, élevés dans toutes sortes d'exercices de guerre, et la plupart prêts à commander parfaitement des compagnies et même des régiments; que, d'ailleurs, le soin que le Roi continue de donner à l'administration de ses finances en augmente tous les jours considérablement le revenu et met S. M. en état de soutenir les plus longues guerres et de réduire ses ennemis, quelque puissante que soit leur ligue, dans la nécessité absolue de lui demander la paix [1].

1. A la suite des réunions opérées en pleine paix par Louis XIV, une série de ligues et de contre-ligues avaient été conclues. Les conférences de Francfort avaient échoué (décembre 1681-1er décembre 1682). Après avoir arrêté les hostilités durant l'invasion turque en Autriche, le Roi fit entrer ses troupes dans les Pays-Bas (septembre 1683). Charles II lui déclare la guerre (11 décembre) et le prince d'Orange, qui la préparait, fit rejeter

Il ne faut se servir de tous ces raisonnements que fort à propos et sans en lasser ceux à qui l'on parle, surtout lorsque l'on sait que leurs sentiments sont trop éloignés de ceux que de bons Français et de zélés sujets de S. M. peuvent avoir.

Un négociateur doit, sur toutes choses, tâcher de se rendre agréable au prince vers lequel il est envoyé et à ses ministres, se bien informer quelles sont les bonnes et mauvaises qualités du prince afin de relever les premières et leur donner des louanges adroites et fines, quand l'occasion s'en présente, et adoucir les autres quand on est forcé d'en entendre parler ou de ne rien dire qui ait rapport et qui puisse faire croire qu'on les blâme. Il faut savoir aussi quels sont les exercices auxquels le prince est le plus adroit, lui en parler quand les occasions s'en présentent, y donner tout l'applaudissement qu'elles méritent et même au delà, et enfin s'étudier à profiter de toutes les occasions de lui plaire, mais, sur toutes choses, éviter de rien dire qui soit capable de l'offenser, la moindre imprudence ou fragilité de langue pouvant détruire en un moment tout ce qu'une bonne conduite a pu faire pendant un espace de temps.

Le négociateur ayant encore plus souvent à traiter avec les ministres qu'avec le prince, il doit s'appliquer aussi à en connaître les inclinations, les intérêts, les vices et les vertus, afin de les pouvoir persuader par les raisons qui sont le plus convenables à leur génie et d'entrer, s'il se peut, dans leur familiarité en leur donnant lieu de croire qu'on prend effectivement part à ce qui les touche plus sensiblement; mais il doit écouter les discours en sorte qu'il ne lui échappe rien qui puisse nuire au service. Il ne doit pas moins examiner et corriger tout ce qu'il écrit à un prince aussi éclairé qu'est S. M. et, dans le fidèle rapport qu'il lui doit faire en termes clairs et précis des conférences qu'il aura eues avec le prince et ses ministres, il est bon qu'il paraisse non seulement de l'esprit et de l'adresse en ce qu'il aura dit et répondu, mais même qu'on y remarque un zèle ardent pour la gloire du Roi et une vive application à y pouvoir contribuer par tous ses soins.

par les États-Généraux des Provinces-Unies un projet d'arbitrage (1er février 1684); mais, fort de l'appui de ses alliés allemands et surtout du Brandebourg, Louis XIV faisait continuer les pourparlers à Ratisbonne par Verjus de Crécy et à La Haye par d'Avaux.

Les louanges fades ne sont pas aussi du goût d'un si grand Roi qui s'est mis par ses actions au-dessus de tout ce que les meilleures plumes peuvent.dire de plus avantageux ; mais on peut rapporter historiquement ce qu'on a entendu dans les conférences avec les princes et ministres étrangers qui serait à la gloire de S. M., pourvu que ce qui a été dit soit assez spirituel pour mériter son approbation.

Il faut aussi éviter de trop longues périodes qui rendent ordinairement le discours confus et peu intelligible : en un mot, il faut s'expliquer clairement, d'un style correct qui paraisse naturel et aisé, éviter toute métaphore et allégorie, se servir des mots propres et enfin faire une lettre de la manière qu'on voudrait parler.

Le négociateur doit aussi, dans les heures de son loisir, cultiver **toutes les** sciences qu'il a apprises et les augmenter autant qu'il lui sera **possible**. Surtout mon fils doit s'appliquer à la lecture de l'histoire, sans **négliger les** mathématiques, la géographie, le droit, les ordonnances et **coutumes, et tâcher** de savoir encore plus du pays où il va pendant le peu de **temps qu'il** y demeure qu'il n'en sait de l'état du gouvernement de France.

Il doit même tenir tous les jours une petite conférence avec ceux qui l'accompagnent dans son voyage et discourir avec eux de tout ce qu'il aura appris et reconnu des matières du gouvernement en Portugal et de tout ce qui en dépend, suivant ses instructions ; questionner ceux qui sont le plus intelligents sur ce qu'ils auront découvert, les encourager à en savoir encore davantage et s'acquérir par les entretiens qu'il aura avec tout le monde la hardiesse de parler et de s'expliquer bien nettement de tout ce qu'il pense. Le temps ne me permet pas d'en dire davantage à mon fils pour cette fois. Je le prie de m'écrire souvent pour me donner occasion de lui faire savoir mes sentiments. Je prie Dieu cependant qu'il lui donne ses saintes bénédictions et qu'il le veuille conserver.

II

Versailles, le 10 mars 1684.

J'espère, mon fils, que Dieu vous aura fait la grâce d'arriver en bonne santé à Lisbonne et que vous vous serez déjà acquitté des ordres dont le Roi vous a honoré. Vous pouvez bien juger que je souhaite passionnément que le compte que vous en rendrez à S. M. soit en bons termes et qu'ils puissent vous acquérir assez d'estime auprès d'elle pour mériter de nouveaux emplois : ces premiers pas sont d'une extrême importance pour toute la suite de la vie et je m'assure que vous apporterez tous vos soins à les régler d'une manière qu'on puisse être content. Il faut néanmoins prendre garde que la trop grande crainte de manquer n'empêche l'esprit de produire et il y aurait moins d'inconvénient à tomber dans des fautes légères en donnant une entière liberté à ses pensées et à ses conceptions que de demeurer dans une aussi grande stérilité qu'il en paraît souvent dans vos lettres. Retranchez surtout de celles que vous m'écrivez des compliments et des protestations qui ne conviennent point entre un père et un fils, et écrivez-moi comme à un bon ami que vous êtes bien aise d'informer amplement de tout ce que vous ferez pour recevoir ses avis et conseils. Pour ce qui regarde vos lettres au Roi, je me remets à ce que je vous en ai dit dans le mémoire que je vous ai envoyé.

Évitez les dépenses inutiles et réglez les nécessaires avec d'autant plus d'économie que je vous avoue que je n'ai pas les moyens de fournir à toutes celles que je suis obligé de soutenir indispensablement [1].

Je viens de quitter cette lettre pour aller remercier S. M. de l'abbaye de Froidemont qui vaut 15 000 livres de rente et qu'elle a donnée à votre frère [2] : vous voyez par là quel est le bonheur de servir un aussi grand et aussi bon maître et combien vous devez travailler à mériter son estime.

1. D'après madame d'Ancezune, Croissy, pour faire honneur à ses fonctions, aurait largement entamé les biens reçus de son beau-père Béraud. Il dit en mourant qu'il ne « faisait pas de testament parce qu'il ne laissait aucun bien au monde » (Dangeau, V, 443) : il avait cependant deux « brevets de retenue » pour ses charges de secrétaire d'État et de trésorier des ordres, l'un de 350 000 livres, l'autre de 400 000, la terre de Croissy rapportant 15 000 livres, etc. Madame de Croissy passait pour avare, « une des trois dames qui se distinguent à la cour par leur avarice ». *Nouveaux portraits et caractères*, chez Paul Pinceau, p. 103. La rédaction de ce recueil est antérieure de plusieurs années à la date de la publication qui est de 1706.

2. Charles-Joachim Colbert, né le 11 juin 1667, mort le 8 avril 1738. Évêque de Montpellier en 1696. Ce fut un prélat vertueux, qui inclina fort vers le jansénisme. Sa vie a été étudiée récemment par M. V. Durand dans un excellent livre.

III

A Versailles [*sans date*].

J'ai eu bien de la joie d'apprendre par votre lettre du 25 mars votre heureuse navigation et votre arrivée à Lisbonne. Je suis content aussi des comptes que vous en rendez, et le Roi a eu la bonté de me témoigner qu'il était satisfait de ce que vous lui avez écrit. J'ai trouvé néanmoins votre lettre un peu succincte et pour ainsi dire un peu aride; mais le peu qu'elle contient est en assez bons termes. Il aurait été bon d'y insérer ce que vous avez dit au Roi et à l'Infante, qui m'a paru assez bien tourné et qui devait faire partie de votre lettre à S. M.[1].

Appliquez-vous à tout ce que porte votre instruction en sorte que l'on vous trouve parfaitement informé à votre retour de tout ce qui regarde la couronne de Portugal et il sera même bon qu'avant que de revenir, vous m'en envoyez une relation bien faite avec une lettre de vous au Roi, pour faire voir à S. M. que vous avez satisfait aux ordres qu'elle vous a donnés.

Je n'ai point encore pris ma résolution sur votre retour, et comme les démarches que feront les Espagnols et leurs alliés feront bientôt juger si nous aurons la paix ou la continuation de la guerre, au premier cas, je vous écrirai de partir par terre; au second, il faudra revenir par mer dans le premier vaisseau du Roi qui repassera en France et peut-être ce sera avec M. de Saint-Romain[2], auquel vous feriez part de ce que je vous écris; et vous n'omettrez rien pour lui témoigner votre reconnaissance de tous les bons offices qu'il vous a rendus, qui sont au-delà de ce que je vous en puis dire. Vous avez aussi

---

1. Le 21 avril, le Roi accusait réception de la lettre écrite par Torcy le 1er avril. « Je suis satisfait du compte que vous me rendez. Au surplus, vous serez instruit de mes intentions sur ce qui regarde votre retour par les lettres que vous recevrez de votre père. » (Ch. 255, fo 8). Cette lettre parvint à Torcy avec celle de Croissy (no V) par mer, à la fin de juillet. « Je souhaitais extrèmement, dit-il, que vous fussiez content de celle que j'ai écrite à S. M. Elle n'aurait pas été si courte si j'y avais mis plus au long ce que je dis au Roi de Portugal et à l'Infante; mais je crus le devoir abréger parce que c'était ce qui était porté dans mes instructions. » (A. E., Portugal, *Correspondance*, t. XXI, p. 342.)

2. Ambassadeur du Roi à Lisbonne.

beaucoup d'obligations à M. de Villette [1], et vous devez joindre vos remerciements à ceux que je lui fais par la lettre que je vous adresse pour lui. Tâchez aussi de faire parvenir par la voie du P. Pomereau [2] que je suis aussi sensible que je dois être aux marques d'estime que le Roi et l'Infante de Portugal vous ont témoigné avoir pour moi. Ménagez bien votre dépense, celle que je suis obligé indispensablement de faire ne m'en permettant pas de faire de plus grande. Souvenez-vous toujours aussi qu'il faut savoir servir Dieu préférablement à toutes choses.

IV

A Valenciennes, [... juin].

Le Roi vient d'apprendre la prise de Luxembourg [3] et S. M. a résolu de partir d'ici dimanche prochain pour retourner à Versailles [4]. Je ne doute presque plus que l'Espagne ne soit bien aise de faire la paix aux dernières conditions offertes par S. M. pour éviter de plus grandes pertes que le bon état des affaires du Roi leur peut causer. Si Dieu fait ce bien à toute la chrétienté, mon dessein est, ainsi que je vous l'ai écrit, de vous faire passer à Madrid pour y connaître cette Cour. Cependant le Roi m'ordonne de vous dire que vous preniez votre audience de congé du Roi et de l'Infante de Portugal pour vous tenir prêt à partir aussitôt que je vous l'écrirai.

Comme il pourrait arriver que, selon la coutume de plusieurs cours on voudrait vous faire quelque présent, j'en ai parlé au Roi qui vous a permis de le recevoir sans faire aucune démarche pour vous l'attirer.

1. Le marquis de Villette-Mursay, capitaine de vaisseau, commandant le *Faucon*, qui avait conduit Torcy de La Rochelle à Lisbonne.

2. Jésuite français, confesseur de l'Infante.

3. Croissy accompagnait le Roi à l'armée. Parti de Versailles le 22 avril, Louis XIV s'était rendu, par Péronne, Cambrai, Valenciennes, à Condé où il arriva le 30. Les troupes espagnoles faisant quelques mouvements, il fit avancer le 15 mai son armée, de l'île de Saint-Amand, à Bossu et à Thulin, près de Saint-Guillain, tant pour les contenir que pour inquiéter Mons. Un genre de guerre aussi inactif rendant la présence du Roi inutile au camp, il y laissa le maréchal de Schomberg et s'établit le 17 à Valenciennes.

4. Le Roi quitta Valenciennes le 4 juin et arriva le 9 à Versailles, après s'être arrêté à Chantilly où il fut reçu magnifiquement par le prince de Condé.

V

A Versailles, ce 15 juin 1684.

Je reçois avec déplaisir, par votre lettre, que vous n'aviez point encore reçu celles que je vous ai écrites tant par les Argout[1] que par les voies ordinaires de la mer qui sont les seules dont le Roi s'est voulu servir pour éviter la curiosité des Espagnols. C'est ce qui me porte à vous écrire, comme je l'ai déjà fait, par l'ordinaire d'Espagne, pour vous dire que vous ne sauriez assez témoigner à M. de Saint-Romain combien je ressens toutes les obligations que vous lui avez et principalement les marques de confiance qu'il vous donne en vous admettant dans les conférences qu'il a pour les vues du Roi.

Je crois que vous aurez déjà appris que les troupes dé S. M. sont entrées dans Luxembourg le 1er de ce mois, et, comme elle a bien voulu, depuis la prise de cette importante place, donner encore douze jours de délai aux Espagnols et aux Hollandais..., nous voyons une grane dispositdion dans les villes de Hollande à accepter les offres de S. M. soit conjointement avec l'Espagne, soit séparément. Aujourd'hui la résolution finale doit être prise à La Haye ; si elle est bonne, nous aurons la paix, auquel cas vous irez voir la Cour de Madrid et ensuite toute l'Italie. Si elle est mauvaise, les maréchaux de Créquy et de Schomberg commenceront quelque nouvelle entreprise en exécution des ordres du Roi[2], et, en ce cas, j'ai déjà pris mes mesures pour faire passer un vaisseau du Roi à Lisbonne sur lequel vous vous embarquerez pour revenir droit à La Rochelle. Cependant tâchez de voir les principales places de Portugal et tout ce qui peut mériter votre curiosité.

Je vous envoie la relation de ce qui s'est passé à Gênes[3], où la bonne conduite de M. le marquis de Seignelay lui a acquis beaucoup d'estime, de réputation, et a fort contenté S. M.

---

1. Négociants français établis en Portugal.

2. Schomberg quitta le camp le 13 juin, pour menacer Bruxelles, et se prépara à assiéger Namur, Charleroi ou Mons, pendant que Créquy allait sommer les autorités de Trèves de raser les fortifications de la ville.

3. Bombardée le 17 mars par une escadre que commandait Duquesne, ayant à son bord Seignelay, secrétaire d'État de la marine.

VI

A Versailles, ce 2 juillet 1684[1].

J'ai reçu votre lettre du 23 mai et j'y ai vu avec plaisir que
vous me rendez un compte plus exact et plus détaillé que par
vos précédentes de tout ce que vous faites au lieu où vous êtes.
J'aurais bien voulu écrire aujourd'hui à M. de Saint-Romain
pour le remercier de toutes les amitiés qu'il vous a faites et
surtout de ce qu'il vous a fait admettre aux conférences qu'il a
avec les ministres de Portugal[2]; mais comme j'ai trop d'affaires
aujourd'hui pour pouvoir faire ce que je souhaiterais, je vous
prie de lui bien témoigner combien je suis sensible à tout ce
qu'il fait pour vous; vous en devrez aussi d'autant plus de
reconnaissance qu'il public vos louanges dans toutes les Cours
de l'Europe par les lettres trop obligeantes qu'il écrit de vous,
et Dieu veuille qu'il y ait quelque fondement de vérité.

Vous devez suivre ses avis en toutes choses, et comme vous
ne devez attribuer l'honneur que vous recevez dans les conférences et ailleurs qu'à celui que le Roi vous a fait de vous donner la qualité de son envoyé, la modestie que vous avez eue de
prendre une place plus basse qui vous était destinée serait pré-
judicieuse à la dignité du Roi et vous auriez eu tort, à moins
que M. de Saint-Romain, qui connaît mieux que personne de
quelle manière il se faut comporter à la Cour où vous êtes, ne
vous eut conseillé d'en user comme vous avez fait.

VII

A Versailles, ce 26 août 1684.

Aussitôt que j'ai reçu les traités d'une trève générale tant
entre l'Empereur et l'Empire qu'entre S. M. et le Roi Catholique, j'ai songé à vous faire passer au plus tôt de Lisbonne à
Madrid, et S. M. ayant approuvé la proposition que je lui en ai
faite, elle m'a permis, en même temps d'écrire, comme je fais,
à M. le marquis de Los Balbazes[3], pour le prier de prévenir le

1. Cette lettre parvint à Torcy, le 31 juillet par la poste.

2. Pour la négociation d'un traité de commerce.

3. Pablo Spinola-Doria, troisième marquis de Los Balbazes, duc de San-
Severino et del Sesto (1632-1699), ambassadeur aux conférences de Nimègue

temps de l'échange des ratifications et de la publication de la
trève, qui laisse à chacun la liberté de voyager sans passeport
et de vouloir bien en faire expédier pour vous et de les remettre
entre les mains du ministre de la couronne de Portugal pour
vous être incessamment envoyé, en sorte que j'espère que vous
le recevrez presqu'en même temps que ma lettre [1]. Mais si
contre mon opinion on ne vous en envoyait point, vous pourrez vous mettre en chemin aussitôt que vous aurez appris que
la paix aura été publiée en Espagne, ce qui ne peut pas être
retardé plus longtemps que vers la fin du mois de septembre.
Enfin, lorsque vous aurez vos sûretés soit par un passeport du
Roi Catholique, soit par la publication de la trève, vous vous
mettrez en chemin et vous vous servirez des voitures du pays
pour vous rendre à Madrid, où, étant arrivé, vous tâcherez de
vous loger honnêtement. Il sera même nécessaire que M. Dupré,
qui sait parfaitement de quelle manière on en use à la Cour de
Madrid, envoie quelqu'un par avance et lui donne les instructions nécessaires pour vous arrêter un logement meublé et
même vous louer un carrosse qui vous puisse servir à Madrid.

La première visite que vous ferez sera pour aller voir le
marquis de Los Balbazes, auquel vous direz que la trève qui
vient d'être signée devant rétablir entre les Rois nos maîtres
toute la bonne intelligence qui est à désirer pour le bonheur de
leurs sujets et pour le bien général de la chrétienté, le Roi
vous a permis de profiter d'une favorable conjecture pour pouvoir demeurer quelque temps à la Cour d'Espagne et avoir
l'honneur de rendre vos profonds respects au Roi et à la Reine [2]

(où il avait connu Croissy), ambassadeur extraordinaire en France pour
demander la main de Mademoiselle (mai-septembre 1679), on lui reprochait
d'avoir été trop conciliant à Nimègue avec nos plénipotentiaires. Parlant
bien le français, il était chargé, comme « commissaire » de conduire les
négociations avec les ambassadeurs de France, suivant l'usage espagnol.

1. Le 9 octobre 1684 seulement, l'archevêque de Chalcédoine, nonce du
Pape à Lisbonne, écrivait à Torcy : « M. le marquis de Los Balbasès me
mande que à M. l'ambassadeur d'Espagne a été envoyé le passeport que
M. votre père lui avait demandé pour votre passage à la Cour de Madrid.
Je vous en donne, monsieur, cet avis et vous prie de m'honorer de vos com-
mandements et d'être persuadé que je suis... » (Ch. 255, f° 198).

2. Marie-Louise d'Orléans, nièce de Louis XIV, née le 21 mars 1662,
mariée le 31 août 1679, morte le 12 février 1689. Elle fit un charmant
accueil à Torcy. Sur cette princesse infortunée, voir les *Mémoires touchant le
mariage de Charles II, roi d'Espagne* (Paris, Barbou, 1681), les mémoires
de madame d'Aulnoy et ceux de la marquise de Villars.

d'Espagne, s'il veut bien vous favoriser de cette grâce, et que, comme ledit marquis m'a donné à Nimègue et à Paris beaucoup de marques de son estime, la confiance que j'y prends vous oblige de lui rendre vos premiers devoirs et le prier d'avoir la bonté de vous prescrire la conduite que vous avez à tenir pour ne rien faire qui puisse déplaire...

Vous devez être fort circonspect dans vos expressions à la Cour d'Espagne, et quoique l'usage admette dans les compliments des choses qu'on ne serait pas disposé à rendre effectivement, le fils d'un ministre de France doit être fort réservé et ne rien dire qui puisse jamais être expliqué d'une manière qui puisse blesser le moins du monde la fidélité inviolable qu'il doit au Roi. Quant aux ministres et autres personne de qualité, il faut connaître avec M. Dupré ce que vous aurez à leur dire qui les puisse flatter et par conséquent leur plaire, sans néanmoins rien faire qui témoigne quelque bassesse.

J'espère vous faire savoir encore de mes nouvelles avant que vous arriviez à Madrid, ou que vous y trouverez mes lettres, principalement si le Roi juge à propos de vous ordonner de faire quelques compliments en son nom. Je vous enverrai aussi quelques lettres de crédit pour l'argent dont vous pourrez avoir besoin, et je m'assure que vous aurez la discrétion de le ménager, les biens qu'on acquit comme moi par les seules voies d'honneur n'étant pas assez grands pour fournir aux grandes dépenses auxquelles m'oblige le poste où je suis, et à l'entretien de beaucoup d'enfants [1]. Ainsi, pour ne vous trouver jamais tenté de faire des actions indignes d'un honnête homme, ménagez vos dépenses avec beaucoup de soin. Je vous souhaite un bon voyage et je prie Dieu de vous donner ses saintes bénédictions.

Je me remets à ce que votre mère vous écrira touchant les présents que vous aurez à faire chez M. de Saint-Romain ; témoignez lui bien encore en partant la reconnaissance que j'aurai toute ma vie de tout ce qu'il a fait pour vous.

---

1. Trois fils et trois filles.

VIII

A Versailles, le 10 septembre.

Je vous ai écrit amplement par le dernier ordinaire et je vous enverrai encore le duplicata de ma lettre par celui-ci au cas qu'on en ait gardé copie ; vous vous conformerez à ce qu'elle contient et vous partirez pour vous rendre à Madrid aussitôt que le marquis de Los Balbazes vous aura envoyé le passeport que je l'ai prié d'obtenir pour vous du Roi d'Espagne ; mais comme il n'a été rien stipulé dans le traité de trève pour l'échange des prisonniers ou plutôt pour leur. entière délivrance, prenez garde de n'en point augmenter le nombre et de ne partir que lorsque vous aurez un passeport du Roi Catholique en bonne forme.

Je vous souhaite un heureux voyage et je m'attends que vous me donnerez de vos nouvelles aussitôt que vous serez arrivé à Madrid.

IX

Ce 22 septembre 1684.

J'espère, mon fils, que cette lettre vous trouvera à Madrid et je n'ai rien à ajouter à mes précédentes si ce n'est que, mercredi dernier 20 de ce mois, j'ai fait à Versailles l'échange des ratifications du Roi Catholique, sur le traité de trève avec l'Espagne ; ainsi vous pouvez être à présent en toute sûreté à Madrid, et je ne doute pas même que S. M. ne reçoive dans peu de jours les ratifications de l'Empereur et de l'Empire.

Cependant S. M. ne juge pas à propos de vous envoyer des lettres de créance pour parler en son nom au Roi ni à la Reine d'Espagne ; mais si vous êtes admis à leur faire la révérence, vous leur direz seulement de vous-même qu'aussitôt que vous avez su que la bonne intelligence allait être rétablie entre le Roi et S. M., vous avez voulu profiter d'une conjoncture si favorable à toute la chrétienté pour leur venir rendre vos profonds respects et que vous estimerez très heureux si l'exécution réciproque du traité qui vient d'être ratifié vous attirait des ordres de S. M. qui puissent contribuer à l'affermissement d'une parfaite amitié. Au surplus, si après un mois ou six semaines de séjour en cette Cour, vous ne receviez point d'autres ordres, vous pouvez vous mettre en chemin pour passer en Italie, soit par Bayonne ou par Barcelone; mais je crois que le premier chemin sera le meilleur.

X

[Sans date 1.]

Pendant le séjour que vous ferez à Madrid ainsi, vous devrez examiner avec M. Dupré combien de temps vous sera nécessaire pour y prendre les lumières et éclaircissements dont vous auriez besoin et m'en donner avis incessamment afin que je sache dans quel temps vous pourrez être de retour à Bayonne et ensuite à Lyon, d'où vous pourrez passer en Italie.

Il est bon aussi que vous commenciez à disposer ceux qui vous ont accompagné jusqu'à présent dans ce voyage à ne pas perdre leur temps à vous suivre : car, comme vous voyagez à présent sans aucun caractère et à mes seuls dépens, vous ne devez plus avoir avec vous que les gens qui vous sont nécessaires.

Quoique votre passeport n'ait pas été en bonne forme, vous ne devrez pas laisser d'en remercier M. le marquis de Los Balbazes et rendre vos visites à toute la famille au cas que cela vous soit permis.

XI

A Fontainebleau, ce 5 novembre 1684.

Je ne saurais vous écrire de ma main par cet ordinaire ; car, quoique la goutte ne me tienne qu'au pied, elle ne me laisse pas la liberté tout entière de me servir de mes mains. J'ai lu entièrement votre lettre au Roi, et S. M. m'en a paru satisfaite. Elle veut bien même vous le témoigner par une réponse qu'Elle m'a ordonné de faire et que je ne pourrai vous envoyer que par le premier ordinaire, ne l'ayant pas encore lue à S. M. Cela vous doit exciter à vous rendre capable de bien La servir par les lumières que vous devez tâcher de prendre dans vos

1. C'est un fragment déchiffré.

voyages et principalement à la Cour d'Espagne où vous ne sauriez assez vous appliquer à bien connaître tout ce qui peut regarder ce gouvernement, et même les intérêts particuliers des plus grands seigneurs de cette Cour. Ne manquez pas de m'écrire amplement par chaque ordinaire tout ce que vous aurez appris, et je vous crois assez sage pour ne rien mettre dans vos lettres qui puisse offenser.

Votre sœur aînée [1] a présentement la petite vérole et votre mère s'est allée enfermer avec elle dans une maison particulière. Vous pouvez juger combien ce fâcheux accident m'afflige et m'embarrasse, mais il n'y a aucun danger pour la vie.

XII

A Versailles, ce 17 décembre 1684.

J'ai été bien fâché d'apprendre par votre lettre du 7 novembre que vous étiez encore pour lors à Lisbonne. Vous avez néanmoins fort bien fait de ne pas vous mettre en chemin sur la foi des passeports que le marquis de Los Balbazes vous a envoyés ; mais comme on m'assure que la trève a été publiée à Madrid le 14 novembre, je suis bien persuadé que vous ne l'aurez pas plutôt lue que vous serez parti pour vous rendre à Madrid où vous pouvez demeurer six semaines ou deux mois, et, de là, revenir à Lyon pour passer ensuite en Italie.

Je ne vous répète pas qu'il serait inutile de voir des villes et des pays si on ne s'applique à connaître parfaitement tout ce qui mérite la curiosité d'un homme d'esprit. Je vous en ai expliqué le détail autant que j'ai pu lorsque vous êtes parti d'ici, et j'espère que vous et M. Dupré y aurez encore suppléé. Souvenez-vous, sur toutes choses, qu'il n'y a que le mérite personnel, la vertu et l'habileté qui soient considérés du Roi, que les services des pères et parents n'aident guère les enfants quand ils ne sont pas capables d'en rendre eux-mêmes et qu'enfin

Miserum est aliorum incombere famae
Ne collapsa ruant subductis tuta columnis.

---

1. Plus tard marquise de Bouzols, aussi spirituelle que laide. Ses chansons, fort piquantes, amusaient beaucoup la société de « Madame la duchesse » (fille de Louis XIV, mariée au duc de Bourbon).

Mettez-vous, je vous prie, cette sentence bien avant dans l'esprit et, en vous entretenant pendant votre voyage tout ce que vous avez appris ci-devant, ajoutez y toutes les connaissances qu'un habile homme peut acquérir dans les différentes Cours de l'Europe, en sorte que j'ai la satisfaction de vous trouver à votre retour aussi honnête homme que je le désire.

J'ai été depuis deux mois incommodé de la goutte; j'en suis à présent presque guéri. Votre sœur se rétablit, mais il lui faut tout l'été avant que de pouvoir se montrer.

Je viens de recevoir vos mémoires, et j'en ai déjà lu une partie que j'ai trouvée fort bien. Je les ferai transcrire et relier pour les présenter au Roi; c'est ce qui doit vous rendre encore plus appliqué à faire de bonnes relations des Cours où vous irez.

XIII

A Versailles, ce 12 février 1685.

Je croyais vous écrire amplement aujourd'hui, mais les affaires sont survenues en si grande quantité qu'il m'est impossible de répondre à tout ce que contiennent vos deux dernières lettres, dont j'ai été très satisfait. Si celle-ci vous trouve encore à Madrid, vous ne perdrez pas de temps à faire vos adieux et vous en revenir ici. Témoignez bien à tous ceux qui vous ont bien traité et surtout à monsieur et madame de Los Balbazes.[1] combien je ressens les obligations que vous leur avez. Faites aussi mes remerciments avec les vôtres à monsieur le Cardinal Mellini[2] et à monsieur le comte de Mannsfeldt[3] et à monsieur Foscarini[4], mais surtout partez bientôt et revenez le plus promptement que vous pourrez.

1. Anna Colonna, fille de Marc-Antoine, grand connétable de Napoles et mariée en 1653 au marquis de Los Balbazes.

2. Savo Mellini, archevêque de Césarée, nonce en Espagne de 1675 à 1685, cardinal en 1680.

3. Henri-François, comte de Mannsfeldt, né en 1641, général d'artillerie, envoyé de l'Empereur à Paris (septembre 1680-1689), ambassadeur à Madrid (1683-1691), à Rome (1693), à Turin (1696-1701), mort le 18 juin 1715. Pendant son ambassade à Paris, il avait entretenu des relations courtoises avec Croissy; il se loue beaucoup de la politesse du Roi et de la bienveillance de la Reine dans sa correspondance (Archives d'État de Vienne).

4. Né en 1643, mort en mars 1711, ambassadeur en France du 20 septembre 1679 au 20 décembre 1683, puis à Madrid (1684-1686), et à La Haye (1709-1711).

XIV

Instructions données par Croissy à son fils pour un voyage projeté en Allemagne.

Sans date (avril 1685).

Mon fils, partant d'ici, ira à Montbéliard... [1]

Il ne négligera aussi de faire tous les soirs un petit journal de ce qu'il a fait et dit pendant la journée, examinant ainsi s'il ne pouvait ajouter à une réponse quelque chose de mieux, de plus obligeant, afin que, si dans une autre occasion il retombait sur la même question, il puisse mettre en usage les réflexions qu'il aura faites.

Il doit même forcer sa nature à se recueillir plus qu'il n'a coutume de le faire, se donner aussi un abord plus agréable, plus honnête et plus civil que celui qui lui est ordinaire; les autres mêmes le pourraient attribuer à la stupidité : ainsi il juge bien qu'il a intérêt à se faire violence s'il est nécessaire pour paraître civil et se faire aimer et estimer.

XV

Versailles, le 23 mars 1685 [2].

... Il faut recevoir tous ces bons traitements (du roi de Danemark) avec honnêteté et reconnaissance, les attribuant comme il est juste, au désir qu'à ce Prince d'entretenir toujours une bonne intelligence avec le Roi. Comme il n'y aura pas d'ambassadeur français à Aggerhus [3], appliquez-vous à connaître par vous-même la route du Danemark. Observez

1. Itinéraire et instructions pour les visites projetées aux Cours de Mayence et Heidelberg. Ce voyage n'eut pas lieu. En raison des événements dont il est question, la date de ces instructions doit être fixée au mois d'avril 1685.

2. Torcy était parti de Paris le 14 mars, se rendant auprès du Roi de Danemark, qui voyageait alors dans son royaume de Norvège. Il passa par La Haye, Zell et Hambourg.

3. Akershus; c'est le nom de la vieille citadelle de Christiania. La ville actuelle a été fondée en 1624 par Christian IV. Le château d'Akershus restait la résidence du Roi lors de ses séjours en Norvège. C'est à Christiania que Torcy devait trouver Christian V, mais en définitive, il le rencontra à Larvik. De Norvège, il alla en Suède.

bien quelles sont les occupations et les divertissements du Roi, ne manquez pas de rendre compte directement à S. M. non seulement de tout ce qui se sera passé dans vos audiences, des honneurs que vous y aurez reçus et de tout ce qui vous aura été dit de plus obligeant pour le Roi, mais aussi de tout ce que vous apprendrez dans cette Cour que vous jugerez pouvoir intéresser S. M., et il vaut mieux que vos lettres soient plutôt pour l'inverse que courtes. Comme le Roi de Danemark est un prince guerrier qui a donné des batailles à la tête de ses armées et qui aime les troupes, il me semble que vous lui ferez votre cour en vous instruisant et en questionnant ses courtisans de tout ce qui s'est passé dans les combats que ce Prince a donnés, en donnant aussi à sa valeur les éloges qu'elle mérite, en exaltant le soin qu'il prend de ses troupes et de ses vaisseaux, parlant de la réputation qu'il s'est acquise et aussi en entrant dans tout ce qui lui peut plaire...

XVI

Versailles, le 23 août 1685.

Mon fils, le Roi a eu la bonté de me faire connaître, en plein conseil, qu'il était satisfait de l'exactitude avec laquelle vous lui avez rendu compte de votre voyage et de tout ce qui s'est passé dans vos audiences[1]. C'est ce qui vous doit encore encourager à mieux faire et redoubler vos soins et votre application à bien connaître les Cours et les pays où vous passez pour vous rendre capable de bien servir un si grand et si bon monarque. Vous devez croire aussi que la grande satisfaction que je puisse avoir dans ma vie, c'est que vous acquissiez assez de mérite pour être estimé de S. M. et de pouvoir être directement honoré de ses ordres.

J'espère que vous n'aurez point trouvé d'obstacles à votre voyage de Suède et que cette lettre vous trouvera de retour à Copenhague d'où vous vous rendrez à Berlin et ensuite le plus tôt qu'il vous sera possible à Ratisbonne où je m'assure que M. Verjus vous aura bientôt informé de l'état des affaires de l'Empire et principalement de celles dont il est chargé.

1. Le Roi l'écrivit le même jour à Torcy.

Comme il demande toujours un congé au Roi avec beaucoup d'empressement, je voudrais bien que vous fussiez assez instruit de toutes choses pour me donner lieu de répondre à S. M. que ses affaires ne reçoivent aucun préjudice de l'absence du comte de Crécy. Comme vous savez son caractère, en arrivant à Ratisbonne, je vous conseille de voir l'évêque de Passau [1], le comte de Windischgrätz [2] et tous les ministres de l'Empire, même de les fréquenter, en sorte que vous puissiez reconnaître vous-même quel est leur talent, leur raisonnement sur les affaires présentes, et inclinations, comme connaissances vous pouvant être dans la suite des temps d'une grande utilité.

Repassez aussi tous les jours les choses que vous aurez apprises pour ne les pas oublier. Entretenez-vous sur toutes choses dans les langues latine et allemande. Faites de bonnes lectures et donnez-moi souvent de vos nouvelles.

XVII

A Fontainebleau, ce 25 octobre 1685.

Le Roi a bien voulu se donner la patience d'entendre la lecture entière de la lettre que vous avez écrite à S. M. et du mémoire qui y était joint et la satisfaction qu'il vous en témoigne par sa dépêche est le pur effet de sa bonté qu'il a eu de me l'ordonner et d'en approuver l'expression. Je ne doute point que cela ne vous encourage à faire encore mieux et à ne pas perdre un moment de temps à vous rendre capable d'exécuter les commandements d'un si grand maître. Mais comme ses lumières et sa pénétration sont fort au-dessus de celles des plus grands génies, je vous avoue qu'on ne saurait acquérir son estime que par un très grand mérite, et que, pour le servir de près et sous ses yeux vous aurez besoin d'acquérir bien des

1. Un des plénipotentiaire de l'Empereur à la Diète.

2. Il était depuis 1683 le « principal commissaire de l'Empereur à la Diète » ; la Diète, parce qu'il n'était pas prince, le reçut difficilement en cette qualité (Correspondance de Crécy, A. E., Allemagne, *Corr.*, vol. 309). « S'il ne faisait parler de lui en formant tous les jours de nouvelles prétentions, ses capacités ne le feraient pas connaître. Il n'est pas difficile de lui faire faire, en le flattant, tout ce qu'on souhaite de lui » (Mémoire de Torcy sur la Diète).

connaissances. C'est pourquoi je vous conjure encore, par l'amitié que j'ai pour vous et celle que vous me devez, de ne négliger aucune occasion de repasser dans vos voyages sur toutes vos études de droit civil et canon, d'ordonnances, de langues allemande et espagnole, d'histoire de France et de tous les pays étrangers, d'architecture et dessin, mais sur toutes choses de l'intérêt des Princes où vous passez. Enfin, mon fils, il faut être curieux et ne rien ignorer, si vous prétendez qu'un maître aussi éclairé que le nôtre vous regarde, quelque jour d'un œil assez favorable pour vous accorder ce qui serait la plus grande satisfaction de ma vie.

Je laisse aux autres à vous écrire ce qui se passe ici. Je suis bien fâché que la Cour de Pologne soit si éloignée de Berlin, et je vous avoue que j'eusse bien souhaité que vous eussiez vu cette Cour[1].

XVIII

A Versailles, ce 18 avril 1686.

Votre dernière du 24 mars m'apprend votre départ de Vienne[2] pour aller à Munich. Je m'assure que cette lettre vous trouvera à Venise où dix ou douze jours suffiront pour vous donner quelques connaissances de ce qu'elle contient et même de ce qui regarde le gouvernement de cette république. Après cela je crois que vous vous rendrez droit à Rome.

Je vous envoie les lettres que j'écris à M. le cardinal et à M. le duc d'Estrées[3]. S'ils vous pressent fortement de loger chez eux au Palais Farnèse, il faudra obéir et prendre un petit logis voisin pour vos gens. Mais s'il ne vous paraît pas qu'ils en aient envie, vous prendrez un logis que vous ferez meubler par les Juifs comme il se pratique. J'ai cependant peine à croire que MM. d'Estrées ne vous fassent l'amitié de vouloir

---

1. Ayant séjourné à Stockolm du 6 au 17 septembre, Torcy arriva à Copenhague le 23; il en partit le 3 octobre pour Hambourg, Berlin et enfin Ratisbonne, où il arriva au début de décembre.

2. De Ratisbonne, Torcy s'était rendu à Vienne.

3. Le duc d'Estrées fut ambassadeur à Rome de 1672 à 1687; « il se ruina dans son ambassade », dit Saint-Simon; le cardinal son frère résidait auprès de lui, « logeant, mangeant et travaillant ensemble et faisant bourse commune » (Saint-Simon, *Écrits inédits*, t. VI, p. 134).

vous loger, et vous devez bien vous garder en cela ni en autre chose de leur donner aucun sujet de se plaindre de vous.

Madame la duchesse de Bracciano[1] m'écrit qu'elle vous attend avec impatience et vous ne devez pas manquer de l'aller voir et de l'assurer de la continuation de mes respects et du désir que j'ai de lui rendre quelque service agréable.

L'abbé Servien[2] vous verra, mais comme il n'a pas le bonheur de plaire à M. le cardinal d'Estrées et que sa conduite lui est suspecte, vous devrez, en le traitant bien et lui témoignant de l'estime, garder beaucoup de mesure en sorte que M. le cardinal d'Estrées n'en conçoive point d'outrage.

Au reste vous vous conduirez suivant les conseils de S. E. et de M. le duc d'Estrées sur les visites des Cardinaux et sur le baiser des pieds du Pape[3], et si S. S. vous dit quelque chose d'obligeant pour moi, vous y répondrez par les assurances de la vénération que j'ai pour S. S. et de la passion que j'aurai de pouvoir contribuer à une si bonne et si étroite union entre Elle et S. M. qu'il ne se fît rien de grand et d'avantageux à la religion que d'un parfait accord entre Elles.

Je crois qu'il ne faut pas vous recommander de parler dignement du Roi notre maître en tous lieux, ses grandes actions ne pouvant inspirer d'autres sentiments non seulement à des sujets aussi redevables à ses bontés que nous le sommes, mais aux étrangers et même à ses ennemis.

Observez autant qu'il vous sera possible le talent, le génie, les intérêts et les inclinations de tous les cardinaux et principalement de ceux qui sont papables et outre ce que vous en diront MM. d'Estrées, tâchez de savoir adroitement ce que les autres en pensent, même M. l'abbé Servien.

Le Roi a su, par des voies non suspectes, que vous vous êtes acquis de l'estime à la Cour de Vienne, et S. M. a eu la bonté de me le dire avec les témoignages de sa satisfaction. Cela vous doit encourager à vous distinguer.

1. La princesse des Ursins, née La Trémoille.

2. Hugues Servien, abbé de Cruas, camérier secret, chargé de diverses négociations, révoqué en 1687, mort en 1723.

3. Innocent XI (Odescalchi), qui eut des démêlés si vifs avec Louis XIV, « Tout le monde trouve le Saint-Père fort bien en Paradis », écrivait le marquis d'Huxelles le 7 septembre 1689, en apprenant sa mort (Correspondance inédite avec le marquis de la Garde, collection Morrison à Londres).

XIX

A Versailles, ce 22 mai 1686.

J'ai reçu votre lettre datée de Venise[1] le 27 avril, et je vois que vous en êtes parti bien précipitamment par la crainte que vous avez eue du régal que le Sénat avait résolu de vous faire. Mais comme ce ne sont que choses à manger et de la cire qu'on a coutume de donner à toutes les personnes un peu considérables qui passent à Venise, S. M. n'aurait pas désapprouvé que vous les eussiez reçus, d'autant plus que ce qu'on donne aux porteurs vaut presque autant que le présent.

Le Roi a résolu aujourd'hui, de l'avis des médecins et chirurgiens, d'aller à Barèges[2], car quoique S. M. soit guérie, on est persuadé que ces bains chauds empêcheront qu'à l'avenir cette incommodité ne revienne. S. M. partira pour ce voyage le 4 du mois de juin pour être de retour ici pour la Toussaint. Ainsi vous pourrez prendre vos mesures pour n'être à Paris que vers le 15 ou le 20 novembre.

La cour de Rome mérite bien un séjour au moins de deux mois. Vous devriez aussi voir Naples aussitôt que je vous aurais écrit l'entier accommodement des différends qui nous restent avec l'Espagne[3]. Vous devrez voir aussi Milan, Gênes, et les Cours de Florence, Parme, Modène et surtout la Savoie. Partagez ce qui vous reste de temps jusqu'à la fin de novembre en tous ces voyages, en sorte que vous n'arriviez ici que trois semaines ou un mois après que S. M. y sera de retour.

XX

A Versailles, ce 7 juin 1686[4].

Je vous adresse les lettres que j'écris à MM. le cardinal et duc d'Estrées pour leur témoigner la part que je prends aux

---

1. L'ambassadeur de France à Venise était, depuis juillet 1685, M. de la Haye, qui avait rempli les mêmes fonctions à Constantinople et à Munich; il resta à Venise jusqu'en 1701.

2. Le Roi était très incommodé depuis le début de février; il se fit opérer le 19 novembre, après avoir renoncé à aller à Barèges.

3. Comme on le sait, le royaume de Naples appartenait alors au Roi d'Espagne.

4. Torcy était arrivé à Rome à la fin de mai 1686 et y resta cinq mois.

obligations que vous leur avez. Je voudrais bien, néanmoins, que vous ne leur fussiez pas si fort à charge, et que, pour le reste du temps que vous demeurerez à Rome, vous puissiez prendre une maison près du Palais Farnèse. Vous pourriez leur rendre des devoirs fréquents et même prendre leurs conseils et avis sur votre conduite, mais vous ne devez rien faire en cela que de leur agrément et si vous croyez leur faire déplaisir en délogeant après en avoir fait une honnête tentative vous acquiescerez à ce qu'ils désireront [1].

Le Conseil d'Espagne a consenti à l'entière satisfaction que le Roi demande [2], et je m'assure qu'avant le 20 de ce mois, cette affaire sera entièrement accommodée, en sorte que vous pourriez partir le 14 ou le 20 juillet pour votre voyage de Naples. Il y a beaucoup de choses à apprendre à la Cour où vous êtes [3]...

Appliquez-vous bien à examiner toutes les antiquités de Rome et à être particulièrement instruit de tout ce qu'il y a de bon goût, soit pour la peinture, l'architecture ou la sculpture, toutes ces connaissances vous pouvant être quelque jour fort utiles, et n'y en ayant aucune à négliger à votre âge. Adieu.

1. Croissy appréciait beaucoup le cardinal. « Il ne jure que par lui », écrivait madame d'Huxelles, le 22 février 1691. (Lettre au marquis de la Garde.)

2. Le gouvernement français avait réclamé contre les amendes infligées aux navires français qui avaient été faire le commerce dans les Indes occidentales ; le gouvernement espagnol restitua les 500 000 écus qu'il avait fait payer à nos marchands et leur accorda la liberté du commerce.

3. Le ms. fr. 10 669 de la Bibliothèque nationale contient des « Lettres, mémoires, instructions et notes secrètes sur le personnel et les dispositions de la Cour de Rome à l'égard de la France, provenant des papiers de M. Colbert de Torcy ». On y trouve des notes qui furent rédigées par lui en 1686 sur les cardinaux et sur les seigneurs d'Italie.